# BEI GRIN MACHT SICH IHR WISSEN BEZAHLT

- Wir veröffentlichen Ihre Hausarbeit,
  Bachelor- und Masterarbeit

- Ihr eigenes eBook und Buch -
  weltweit in allen wichtigen Shops

- Verdienen Sie an jedem Verkauf

Jetzt bei www.GRIN.com hochladen
und kostenlos publizieren

Friedrich Wambsganz

# 4 Bibelspiele für Schule und Gottesdienst: Jakob und Esau, Belsazar und Daniel, Paulus und der Silberschmied, Der barmherzige Samariter

Unterrichts-, Gemeinde- und Gottesdienstspiele für 5. - 7. Klassen aller Schularten

GRIN Verlag

**Bibliografische Information der Deutschen Nationalbibliothek:**

Die Deutsche Bibliothek verzeichnet diese Publikation in der Deutschen National-
bibliografie; detaillierte bibliografische Daten sind im Internet über http://dnb.d-
nb.de/ abrufbar.

Dieses Werk sowie alle darin enthaltenen einzelnen Beiträge und Abbildungen
sind urheberrechtlich geschützt. Jede Verwertung, die nicht ausdrücklich vom
Urheberrechtsschutz zugelassen ist, bedarf der vorherigen Zustimmung des Verla-
ges. Das gilt insbesondere für Vervielfältigungen, Bearbeitungen, Übersetzungen,
Mikroverfilmungen, Auswertungen durch Datenbanken und für die Einspeicherung
und Verarbeitung in elektronische Systeme. Alle Rechte, auch die des auszugsweisen
Nachdrucks, der fotomechanischen Wiedergabe (einschließlich Mikrokopie) sowie
der Auswertung durch Datenbanken oder ähnliche Einrichtungen, vorbehalten.

**Impressum:**

Copyright © 2007 GRIN Verlag GmbH
Druck und Bindung: Books on Demand GmbH, Norderstedt Germany
ISBN: 978-3-656-40470-5

**Dieses Buch bei GRIN:**

http://www.grin.com/de/e-book/201371/4-bibelspiele-fuer-schule-und-gottesdienst-
jakob-und-esau-belsazar-und

**GRIN - Your knowledge has value**

Der GRIN Verlag publiziert seit 1998 wissenschaftliche Arbeiten von Studenten, Hochschullehrern und anderen Akademikern als eBook und gedrucktes Buch. Die Verlagswebsite www.grin.com ist die ideale Plattform zur Veröffentlichung von Hausarbeiten, Abschlussarbeiten, wissenschaftlichen Aufsätzen, Dissertationen und Fachbüchern.

**Besuchen Sie uns im Internet:**

http://www.grin.com/

http://www.facebook.com/grincom

http://www.twitter.com/grin_com

**Bibelspiele**

# für den Unterricht aller Schularten
# und für Gemeindearbeit oder Gottesdienste

Von Stud.Dir Dr. Friedrich Wambsganz

## Jakob und Esau
## Belsazar und Daniel
## Paulus und der Silberschmied
## Der barmherzige Samariter

Unterrichts-, Gemeinde- und Gottesdienstspiele für 5. - 7.
Klassen aller Schularten

getextet und herausgegeben von Stud. Dir. Dr. Friedrich Wambsganz

Drucklegung Januar 2007

# Drehbuch zu „Jakob und Esau"

**Hauptrollen:**

Sprecher (heutige Kleidung), Jakob, Esau, Isaak, Rebekka, Gewissen

**Nebenrollen:**

Frauen, Männer, Kinder, israelische Soldaten

**Bühne:**

Vorderer Teil eines Klassenzimmers. Auf der Außen- und Innenseite der Tafel sind selbst gemalte Kulissen denkbar: Hirtenhaus einer Nomadenfamilie/ Hügellandschaft am Jordan.

Im Altarraum einer Kirche kann auf ein Bühnenbild verzichtet werden.

**Requisiten:**

Vorwiegend Kleidung für israelitische Hirten

Für Esau kurzer Fellüberwurf, dazu Bogen und Pfeil

Szene 4 auch Soldaten-Rüstungen

Gewissen in dunklem Trainingsanzug mit Kapuze

Topf mit Rührlöffel, Teller und Esslöffel

Bahre für Isaak

1 Pergamenturkunde

**Spieldauer:**

15 Minuten

**Stoffgrundlage:**

Patriarchenerzählung

**Sprecher- Vorwort**

Die biblische Erzählung über die Zwillingsbrüder Jakob und Esau, die etwa 1400 v. Chr. in Palästina gelebt haben, stellt ein anschauliches Modell dar für die Fehlerhaftigkeit und die Versöhnungsbereitschaft jedes Menschen. Jakob, der jüngerer der beiden Brüder, ist ehrgeizig und klug – daraus macht er eines Tages den entscheidenden Vorteil geltend gegenüber seinem Bruder Esau, einem ungelenken und nicht so schlauen Jäger.

## 1. Szene

*Esau kommt in das Haus zu Jakob, hungrig und todmüde.*

*Jakob hantiert mit Küchengeräten*

**Esau:**

Jakob, ich bin am Verhungern! Gib mir bitte etwas ab von deiner reichen Tafel!

**Jakob:**

Dir soll es an nichts fehlen, du bist doch mein geschätzter Bruder, du bekommst eine schmackhafte Linsensuppe!

**Esau:**

Dankeschön! Dafür hast du einen Wunsch frei.

**Jakob:**

Das nehme ich gerne in Anspruch! Unterschreibe mir doch die Übertragung deines Erstgeburtsrechtes. Da wir Zwillinge sind, hat dies eh keine Bedeutung.

*Esau greift nach der Urkunde und setzt seine Unterschrift – ohne den Vertrag zu lesen – rasch darunter. Dann stürzt er sich gierig auf die Linsensuppe und löffelt sie schlürfend aus.*

**Sprecher:**

Nachdem Jakob als Bauer am Hof der Eltern und Esau – der Jäger – auf den Hügeln der Umgebung einige Jahre gelebt haben, spürt der alte Patriarch Isaak das Nahen des Todes und will das Erstgeburtsrecht von Esau durch seinen väterlichen Segen bestätigen. Die Mutter Rebekka leitet durch geeignete

Präparierung ihres Lieblingssohnes Jakob den Betrug in die Wege.

**2. Szene**

*Rebekka zieht Jakob Fellhandschuhe über und drückt ihm Bogen und Pfeil in die Hände.*

**Rebekka:**

Dein Vater liegt im Sterben. Jakob! Schnell, tarne dich als dein verwilderter Bruder, damit du Isaaks Segen bekommst!

**Isaak:**

*Isaak liegt auf dem Sterbelager und redet langsam, die letzten Kräfte aufbietend.*

Lass dich betasten, Esau, du weißt, meine Augen sind stumpf geworden. Ich muss mich aber gemäß den Bräuchen unseres Stammes von der Rechtmäßigkeit deines Anspruches als Erstgeborener überzeugen.
*Er tastet Esaus Hände und den Kopf ab.*

**Jakob alias Esau:**

Siehe und spüre es Vater. Ich bin es, der haarige, wilde Jäger Esau. Gerne über nehme ich dein Erbe. Ich will deinen Besitz, die Herde und den Volksstamm treu verwalten.

**Isaak:**

Es ist gut, lieber Sohn. Übernehme du nun die Verantwortung für Familie und Volk unter dem Schutz Jahwes, der seine Weisheit weitergibt von Patriarch zu Patriarch!

**Jakob alias Esau:**

Ich danke dir, lieber Vater. Ich betrachte die Erhaltung des Brauchtums    als meinen Auftrag!
Ich werde auch meinen Bruder über deinen Wunsch informieren.

**Sprecher:**

Nach Jahren rührt sich in Jakob das schlechte Gewissen, so dass er glaubt, er befände sich in einem Ringkampf mit einem stärkeren Gegner.

**3. Szene**

Der als „Dunkelmann" getarnte Mitspieler pirscht sich an Jakob heran und fällt von hintern über Jakob her. Jakob spricht stöhnend.

**Jakob:**

Die Strafe holt den Täter ein! Esau will mich niederringen und dann die Wahrheit ans Licht bringen.
(Kurzer langsamer Ringkampf)

**Gewissen:**

Du hast mich schmählich betrogen und aus meiner Unwissenheit alle Vorteile gezogen. Mein Faustschlag gegen deine Hüfte soll eine bleibende Erinnerung für dich sein. Du sollst dich `Israel´ nennen, weil dich deine Schuld zum `Kämpfer gegen Gott´ gemacht hat!
Dies sage ich dir im Auftrag Jahwes.
*Jakob schreit nach dem Hieb gegen seinen Hüftknochen schmerzerfüllt auf und geht hinkend davon. Der „Dunkelmann" huscht rasch und gebückt hinweg.*

**Sprecher:**

Jakob bekommt vier Frauen und insgesamt 13 Kinder, aber er wird sein Schuldgefühl nicht los. Trotz seiner List empfindet er weite Bereiche seines Lebens als große Belastung:
Der Nomadenstamm ist auf der Suche nach einer festen Niederlassung.

Jakob ist unglücklich mit seiner Hauptfrau, die Kinder sind zerstritten, der Lieblingssohn Josef ist anscheinend verunglückt.

Esau beneidet seinen Bruder um Besitz und Ansehen; in ihm gären Rachegelüste. Er ist ledig geblieben. Auf einmal kommt er auf den Gedanken, dass er glücklicher sei, wenn er den Stamm anführe. Also

verfolgt er seinen Bruder.

**4. Szene**

Jakobs große Sippe zieht hastig voran. (Durch entsprechende Kostümierung und Gruppenbildung in unterschiedlichen Größen werden verschiedene Generationen in den Familien vorgetäuscht.) In gewissem Abstand folgt Esaus Truppe.

**Jakob:**

Hört, ihr Israeliten, wir müssen uns beeilen, um Haran heute noch zu erreichen. Wir werden nämlich von einer Truppe Soldaten verfolgt.

**Esau:**

Halt, du Schurke, gib endlich deine Verfehlungen öffentlich zu, sonst vollziehen wir selber an Ort und Stelle den Schuldspruch des Gerichts!

**Jakob:**

Seit Jahren nagt meine Schandtat in mir, so dass ich wie ein Gehetzter vor dir fliehe und mich nicht an meiner Anführerrolle erfreuen kann. Ich habe Unrecht getan, vergib mir, Bruder, und trete du in die Nachfolgerrechte unseres Vaters Isaak ein.

**Esau:**

Ich danke unserem wahren Herrn, Jahwe, dass er dir Einsicht und Reue beschert hat. Mir ging es nur um die Sache der Wahrheit und Gerechtigkeit.
Behalte du das Amt des Stammesvorstehers, mir sind die Aufgaben eines Jägers eh am liebsten.

Lass uns die getrennten Volksteile wieder zusammenfügen
und Versöhnung feiern.
Ein Dankesopfer dem gütigen Jahwe!


**Sprecher (Schlusswort)**

Die Jakob-Esau-Geschichte macht uns auf ganz wichtige
Beziehungen zwischen Gott und den Menschen aufmerksam:
1. Gottes Fügung hat manchmal Vorrang vor der von
   Menschen geschaffenen Geschichte.
2. Gott kann – wie es 1400 Jahre später im Neuen
   Testament heißt - auf krummen Zeilen gerade
   schreiben.
3. Gott vergibt nach aufrichtiger Reue, weil wir für ihn
   das menschliche Bemühen und das gute Ziel
   entscheidend sind.
4. Gott will Versöhnung und Frieden. Leider brauchen
   die Menschen oft Jahre, dies zu erkennen.
5. Die Bibel will die Patriarchen nicht über die anderen
   Menschen hinausheben. Die Führungskräfte der
   Kirchen und die gläubigen Laien sind gleichermaßen
   auf die Gnadengaben der Reue und Vergebung
   angewiesen!


*Am Ende können alle Spieler eng nebeneinander stehen
bleiben und ein geeignetes Lied singen, ggf. mit eigenen
Instrumenten mitspielen.
(z.B. „Lobe den Herren", Gotteslob Nr. 258;*

*„Wer unterm Schutz des Höchsten steht", Gotteslob Nr. 291;*

*„Zieh an die Macht", Gotteslob Nr. 304).*

# Drehbuch zu „Belsazar und Daniel"

**Hauptrollen:**

Erzähler (heutige Kleidung), Dichter Heinrich Heine;

Gedichtsprecher (Engel = Heines Genius)

König Belsazar, Prophet Daniel

**Nebenrollen:**

6 Magier; 6 Soldaten; 4 Tänzerinnen; Festgäste; Löwe

**Bühne:**

Im Klassenzimmer kann ein farbiges Tafelbild, das Belsazars

Schloss illusioniert, angefertigt werden.

Im Altarraum einer Kirche ist kein Bühnenbild nötig, aber es

Können Plakatständer aufgestellt werden.

**Requisiten:**

Kleidung und Krone für einen babylonischen König,

Daniel als gefangener Israelit,

Löwenkostüm, Trinkgefäße, Sportpokale; Waffen aller Art;

1 kleiner Sessel für Belsazar

2 große Plakate (auf 2 Tragestäbe aufgezogen) mit

Bebilderung der beiden Träume vom gefährdeten Weltreich

und dem Menetekel. Gedichtsprecher im Engelskostüm

**Spieldauer:**

15 Minuten

**Stoffgrundlage:**

Prophetenerzählungen

## 1. Szene

**Erzähler**

Der Dichter Heinrich Heine befindet sich im Jahr 1835 arm
und verlassen im Pariser Exil. In Deutschland, während der
Regierungszeit des Kaisers Friedrich Wilhelm III., sah er sich
wegen seines Eintritts für die Demokratie behindert und
verfolgt. Er denkt nun über eine bessere Gesellschaft nach.

**Heine**

Welch ein Jammer, ich darbe hier in meiner Kammer.
Die Mächtigen, die kennen keine Not,
aber ich Poet bin hier so gut wie tot.
Doch muss ich auch im Ausland bleiben,
meinen Grimm kann ich mir von der Seele schreiben.
Die heil'gen Worte dieser Bibel, die helfen mir in meinem

Übel.

Der mutige Daniel hat dem babylonischen König
widerstanden,
danach durften die Israeliten zurück in die eig'nen Landen.
In mir formt sich das Bild von einem Fest,
in dem sich mein Glaube formulieren lässt.


*Der Erzähler und der Dichter Heine treten ab.*
*Sie machen den Festgästen Belsazars Platz, die auf dem*
*Boden ein Gelage veranstalten.*

**Gedicht**

Die Mitternacht zog näher schon;
In stummer Ruh lag Babylon.


Nur oben in des Königs Schloß,
Da flackert's, da lärmt des Königs Troß.


Dort oben in dem Königssaal
Belsazar hielt sein Königsmahl.


Die Knechte saßen in schimmernden Reihn
Und leerten die Becher mit funkelndem Wein.


*Belsazar ist umlagert von lärmenden, feiernden Soldaten.*
*Alle essen schmatzend und trinken schlürfend, während sie*
*sich laut unterhalten.*
*Nach einiger Zeit bringen 2 Träger ein großes Plakat, auf*
*dem die in der Bibel beschriebene mehrfarbige Königsstatue*
*und der vom Berg Horeb (=Sinai) herabrollende Felsbrocken*
*zu sehen sind.*

## 2. Szene

*Belsazar steht erschüttert und rätselnd vor dem Plakat.*

**Belsazar:**

Halt, ich kann nicht länger feiern, der Traum von heute Nacht
Belastet mich:
Ich habe geträumt, dass das Standbild eines 50 m hohen
Königs, das aus Gold, Silber, Bronze, Eisen und Ton
zusammengesetzt war, von einem Felsbrocken zerstört wurde.
Dieser Stein rollte vom hl. Berg der Juden, dem Sinai,
herunter.
Magier, her mit euch! Erklärt mir den Traum!

**6 Magier:**

Wir können nur deuten der Sterne Lauf
und zaubern, ja das können wir auch.
Der Sinn deines Traumes ist uns verborgen,
vielleicht gelingt uns die Deutung morgen!

**Belsazar:**

Fort mit euch ihr Nichtsnutze! Holt mir den Klügsten der
Israeliten, den Daniel.
Wachen, tut eure Pflicht!

**6 Soldaten:**

Dein Wunsch ist uns Befehl, o König,
die gefangenen Juden kümmern uns wenig!

17

*Der Prophet Daniel wird von den Soldaten, von denen ihn
zwei grob unter die Arme fassen, herbeigezerrt.*

**Belsazar:**

Daniel, du bist ein gescheiter Israelit und du giltst als
Prophet,
deute du meinen schrecklichen Traum!

**Daniel:**

Ich muss dir eine unangenehme Wahrheit sagen, o König.
Dein Reich wird zerstört werden, weil der Grundstock auf
tönernen Füßen ruht, nämlich auf deiner Unterdrückung und
Ausbeutung. Jahwe bestraft dich vom Berg Sinai aus; weil du
keine Demut kennst und keinen Gott über dir duldest.
Du darfst auch das jüdische Volk nicht länger gefangen
halten.

**Belsazar (erzürnt):**

Ab in die Löwengrube mit dem unverschämten Kerl! - Leute,
wir feiern weiter!

*Daniel wird von den im Gleichschritt marschierenden
Soldaten zurL öwengrube geschleppt und hineingestoßen.
Dergrößte Löwe nähert sich knurrend und schnuppernd dem
Daniel. Dieser beruhigt ihn durch Streicheln und gutes
Zureden.*

**4 Tänzerinnen:**

*Die Tänzerinnen umgarnen Belsazar schmeichelnd.*

Belsaz´, was immer dein Begehr,

wir kommen gerne zu dir her!

Du bist der Liebling aller Frau´n,

weshalb wir dankbar in dein Antlitz schau´n.

*Belsazar nickt wohlgefällig und scheucht mit einer matten*
*Handbewegung die sich hüftschwingend rührenden Mädchen*
*fort.*

*Das Gelage nimmt seinen Fortgang.*
*Belsazar greift nach einem besonders wertvollen Pokal, der*
*einem Meßkelch ähnelt und trinkt gierig daraus. Er lässt*
*keinerlei Scheu und Ehrfurcht gegenüber anderen*
*liturgischen Geräten (Leuchter, Schalen) erkennen.*

**Gedicht**

Es klirrten die Becher, es jauchzten die Knecht;

So klang es dem störrigen Könige recht.

Des Königs Wangen leuchten Glut;

Im Wein erwuchs im kecker Mut.

Und blindlings reißt der Mut ihn fort;

Und er lästert die Gottheit mit sündigem Wort.

Und er brüstet sich frech und lästert wild;

Die Knechtenschar ihm Beifall brüllt.

Der König rief mit stolzem Blick;
Der Diener eilt und kehrt zurück.

Er trug viel gülden Gerät auf dem Haupt;
Das war aus dem Tempel Jehovahs geraubt.

Und der König ergriff mit frevler Hand
Einen heiligen Becher, gefüllt bis am Rand.

Und er leert ihn hastig bis auf den Grund
Und rufet laut mit schäumendem Mund:

»Jehovah! dir künd ich auf ewig Hohn -
Ich bin der König von Babylon! «

Doch kaum das grause Wort verklang,
Dem König ward´s heimlich im Busen bang.

Das gellende Lachen verstumme zumal;
Es wurde leichenstill im Saal.

Und sieh! und sieh! an weißer Wand
Da kam´s hervor, wie Menschenhand;

Und schrieb, und schrieb an weißer Wand
Buchstaben von Feuer und schrieb und schwand.

*Währenddessen bringen 2 Träger ein großes buntes Plakat*
*mit den Wörtern **"mene-tekel-uparsin"** in Flammenschrift*
*darauf und stellen sich vor Belsazar auf.*
*Dieser greift sich erschüttert ans Herz*
*und ruft seufzend nach den Magiern.*

**3. Szene**

**Belsazar:**

Magier, her mit euch!

Schon wieder belastet mich ein Albtraum!

**6 Magier:**

Wir können nur deuten der Sterne Lauf,

und zaubern, das können wir auch!

Heute können wir nicht lösen deine Sorgen,

vielleicht lösen wir das Rätsel morgen.

**Belsazar:**

Fort mit euch ihr Nichtsnutze! Soldaten, holt den Daniel aus

der Löwengrube, falls er noch lebt!

**6 Soldaten:**

Dein Wunsch ist uns Befehl, o König,

die gefangenen Juden kümmern uns wenig!

*Die Soldaten marschieren in stampfendem Gleichschritt los*

*und zerren Daniel aus der Löwengrube. Belsazar und*

*Danielstehen nun vor dem Plakat mit der Flammenschrift.*

**Belsazar:**

Daniel, sprich, du hast meine Rache nicht zu fürchten – ich

spüre, dass Unheil hereinbricht!

**Daniel:**

Es ist die Sprache Jahwes, die du hier siehst, die Worte

besagen: **Gezählt - Gewogen - Geteilt!**

Das heißt, dein Reich wird vernichtet, denn du hast

alles Unglück verursacht!

**Gedicht**

Der König stieren Blicks da saß,

Mit schlotternden Knien und totenblaß.

Die Knechtenschar saß kalt durchgraut,

Und saß gar still, gab keinen Laut.

Die Magier kamen, doch keiner verstand

Zu deuten die Flammenschrift an der Wand.

Belsazar ward aber in selbiger Nacht

Von seinen Knechten umgebracht.

*Die Soldaten der Leibwache zücken ihre Schwerter,*

*desgleichen die Bewaffneten unter den Festgästen. Sie*

*schleichen geduckt auf den erschüttert dahockenden Belsazar*

*zu und rammen ihm von allen Seiten ihre Waffen in den Leib.*

*Dann ziehen sie sich einige Meter von dem Leichnam zurück*

*und tuscheln über die Flammenschrift. Ihre Handbewegungen*

*lassen ihre Verachtung gegenüber dem Frevel Belsazars*

*erkennen.*

**4. Szene**

## Erzählerschlusswort vor Heines Abschied

Nach der Ermordung ihres Königs ging es auch mit der
Militärischen Stärke bergab und der Perserkönig Kyros
eroberte Mesopotamien.

Dadurch erlangten die Israeliten wieder ihre Freiheit und sie
durften unter der Führung des mutigen Daniel nach Palästina
zurück. Im Tempel danken sie Jahwe, der ihre Errettung vom
Himmel unterstützt hat.


**Heine:**

Den Daniel recht verstehen konnt´ ich nur
weil Christus, Gottes Sohn, hat mir gezeigt die Spur,
die führte hin zu den gefangenen Armen,
denn ihnen gilt des Vaters und des Sohns Erbarmen.

# Drehbuch zu "Paulus und der Silberschmied"

**Hauptrollen:**

Erzähler (heutige Kleidung); Paulus; Paulusbegleiter Gaius
und Aristarch;

Silberschmied Demetrius; Jude Alexander; Stadtschreiber
von Ephesus

**Nebenrollen:**

Volk von Ephesus; 2 Gesellen des Silberschmieds

**Bühne:**

Im Klassenzimmer kann auf die Tafel die Silhouette einer
kleinasiatischen Hafenstadt (mit großer Artemisfigur an der
Hafeneinfahrt) gemalt werden.

Im Altarraum einer Kirche ist kein Bühnenbild nötig.

**Requisiten:**

Kleidung griechischer Stadtbürger;

kleinasiatische Togen für Paulus, Gaius, Aristarch und
Alexander, schulter- und armfreie Arbeitsschürzen für den
Silberschmied und die beiden Gesellen;

Artemisgemälde und Artemisstatuen aller Größen aus
Silberpapier; Schmiedehämmer und Feuerhaken

**Spieldauer:**

10 Minuten

**Stoffgrundlage:**

Paulusmission in Ephesus nach Apostelgeschichte 19, 20-40

## 1. Szene

**Erzähler:**

Auf seiner 3. Missionsreise im Jahr 55 n. Chr. tritt Paulus am Marktplatz der kleinasiatischen Hafenstadt Ephesus, deren Artemisstatue im Tempel nahe der Schiffseinfahrt als Weltwunder galt, vor die Menschenmenge und erklärt seine Anwesenheit. Er predigt über die Bedeutung seines Gott- und Christusglaubens.

**Paulus:**

Glaubt an Gottvater und glaubt an seinen eingeborenen Sohn Jesus!

Dieser ist mir, als ich noch Christenverfolger war, bei meinem Sturz vom Pferd in Damaskus erschienen. Er ist am 3. Tage aus dem Totenreich auferstanden und wiedergekommen, um uns aus der Unwissenheit und den Verirrungen des Aberglaubens zu befreien. Er hat den Tod besiegt und den Gläubigen und reuigen Sündern das ewige Leben bei ihm und seinem Vater angekündigt.

Ihr braucht keine Götter zu verehren und sollt nicht mehr vor Euren Götzenstatuen opfern. Es gibt auch keine Göttin Artemis! Diese existiert nur als Statue einer Fruchtbarkeitsgöttin in eurem Tempel am Hafen. Im Himmel gibt es nur die heilige Maria, die Mutter Jesu!

Glaubt und lasst Euch taufen!

## 2. Szene

**Erzähler:**

Als Anführer seiner 2 Gesellen und einer aufgebrachten
Schar Von Anhängern nähert sich der kräftige Silberschmied
Demetrius derVersammlung und fordert lautstark die
Vertreibung des Paulus.

**Demetrius:**

Landsleute, vertraut nicht diesen Fremden und ihren
Irrlehren.

Seit Jahrhunderten haben wir wegen unserer Götter- und
Göttinnenstatuten, vor denen wir Opfer bringen,
zuverlässigen Schutz durch die Götter des
Olymps erfahren. Unsere Hafenstadt ist unbesiegt, weil
Artemis als Schutzgöttin persönlich darüber wacht!

Auch in den Privathaushalten sorgen die wertvollen Statuen
für Schutz vor Feuer, Diebstahl und Krankheit. Sogar die
römischen Kaufleute
erwerben Statuen, damit ihre Handelsschiffe sicher Syrakus,
Agrigent und Rom erreichen. Unser Götterglaube hat sich
bewährt. Wir brauchen diesen Paulus und seine neue Lehre
nicht.

Und überdies: Es wird Arbeitslosigkeit geben, wenn die
Herstellung unserer Artemisfiguren zum Erliegen kommt.
Dieser Paulus schädigt unser Wirtschaftsleben!

Raus mit ihm !

**3. Szene**

**Erzähler:**

Einige bereits bekehrte Bürger, der ortsansässige Jude
Alexander und die Paulusbegleiter beziehen Stellung für den
Apostel, so dass die Gewalttätigkeiten gegen Paulus gerade
noch eingedämmt werden können. Allerdings zeigen der rohe
Silberschmied Demetrius und seine beiden Gesellen während
der Verteidigungsreden für Paulus große Unruhe.
Sie wollen immer wieder auf Paulus losgehen, werden aber
von besonnenen Bürgern festgehalten.

**Alexander:**

Ich habe mich vor Jahren unter euch Griechen niedergelassen,
weil ihr mir als Seefahrer und Handlungsreisende tolerant und
aufgeschlossen erschienen seid. Als Angehöriger des
mosaischen Glaubens teile ich nicht euren Göttinnenkult. Als
Geschäftsmann verstehe ich aber, wenn sich einige Bürger
Sorgen um den Absatz ihrer Produkte machen. Lasst
den Paulus doch reden! Wer seinen Glauben für gut findet,
der kann sich doch taufen lassen. Es werden noch viele genug
übrig bleiben, die die Olympier und die Artemis verehren.
Wegen einiger Christen geht der Geschäftszweig der
Silberschmiede nicht zugrunde !

**Gaius:**

Überall begegnet man dem Christusglauben mit
Erleichterung.

Wegen dieser Götterstatuen machen sich die Menschen falsche Hoffnungen. Es gibt keine Götter! Über allen menschlichen Gottesbildern lebt ein einziger unsichtbarer Gott!

**Aristarch:**

Dieser unsichtbare Gott hat uns über seinen Sohn die Botschaft von der Liebe und vom ewigen Leben für die Gläubigen mitgeteilt. Die Zeit der Götzendienste ist vorbei! Gebt euer Geld den Armen, statt dass ihr stumme Statuen kauft! Glaubt dem Paulus; denn ihm ist der fortlebende Christus vor Damaskus erschienen. Seither predigt er vom unsichtbaren Gott, der sich aus der Dunkelheit gemeldet hat und uns befreit und froh macht.

## 4. Szene

**Erzähler:**

Der Stadtschreiber, dessen Name ungenannt bleibt und den wir uns als Bürgermeister und Notar vorstellen müssen, hält eine ausgewogene Rede, welche die Gemüter beruhigt.

**Der Stadtschreiber:**

Bürger, wir verstehen uns als die Tempelhüter der großen Artemis, die uns die Seefahrer auf dem Mittelmeer beschützt. Dieser Paulus sagt doch nur etwas gegen Götzendienst, den auch wir nicht betreiben. Wer unseren Tempelkult mit Verstand verfolgt, weiß, dass wir die Statuen nicht mit der übermächtigen Göttin selbst verwechseln. Auch wir verstehen es, zwischen den Bildnissen und der Sache selbst zu unterscheiden. So wie es auch wir uns denken, ist dieser Paulus gegen den falsch verstandenen Gebrauch der Figuren. Freilich können wir mit seiner Ansicht einer neuen Schöpfung in Jesus Christus nichts anfangen. Wer aber seiner Erlösungslehre anhängen will, der kann dies tun! Eine freie Hafenstadt bietet Platz für unterschiedliche religiöse Meinungen!

**Paulus:**

Habt Dank, werter Schreiber, für eure ausgewogenen Worte. Ich weiß selbst aus mehrfacher leidvoller Erfahrung, dass sich nichts erzwingen lässt.
Jahwe und der auferstandene Christus werden in den nächsten Jahrzehnten dafür sorgen, dass der Same des Ein-

Gott-Glaubens aufgeht.

Lebt wohl, wir ziehen weiter; denn wir müssen den Acker Gottes auch in den anderen Städten Asiens und Griechenlands bestellen!

**Erzähler-Schlußwort**

Paulus und seine Begleiter brauchen nun nicht mehr um ihr Leben zu fürchten. Sie können am nächsten Tag ein Schiff besteigen und ihre mutige Missionsarbeit in Mazedonien fortsetzen

# Drehbuch zu „Der barmherzige Samariter"

**Personen:**

3 Räuber

Reicher Kaufmann

Levit

Priester

Samariter

Wirt

Köchin

2 Buben (Pferd)

**Requisiten:**

Zerlumpte Kleidung (3 Garnituren), edles orientalisches Gewand (2 Garnituren),
2 schwarze Togen mit Baretten, 2 Wirtsschürzen; Pferdekopf aus Holz oder
Pappe, braune Decke (Pferd); Versteck (Busch); Teppiche, Töpfe (Waren); 3
Spielzeugpistolen, 3 Holzmesser; weiße Tücher, Ölkrug, Verbandszeug; Tisch;
Wirtshausschild

## 1. Szene

*Die 3 Räuber lauern hinter einem sie abdeckenden Versteck und warten auf einen allein reisenden Kaufmann, den sie in gewohnter Weise überfallen und ausrauben können.*

### 1. Räuber:

Wir warten heute schon viel zu lange auf einen Geldsack. Es ist gleich Mittag, da reitet keiner mehr durch die Wüste. Gehen wir lieber ins Dorf und spielen Karten!

### 2. Räuber:

Nur Geduld! Manchmal verspätet sich ein Kaufmann, der muss dann allein reiten; denn eine Karawane zieht pünktlich los. Mit einem Einzelnen haben wir leichtes Spiel! Der kann gegen uns drei nichts ausrichten, selbst wenn er bewaffnet ist.

### 3. Räuber (*die Hand spähend über die Augen gelegt*):

Pst, leise! Ich sehe einen dunklen Punkt am Horizont, es ist wohl ein einzelner Reiter. Er kommt nur langsam vorwärts, sein Ross ist schwer beladen und die Hitze macht ihm zu schaffen. Los, alle in Deckung, der ist das richtige Opfer für uns!

*Alles ist still. Die Räuber lauern mit gezückten Waffen. Der Reisende trabt auf seinem hoch bepackten Pferd heran. Er murmelt vor sich hin.*

### Kaufmann:

Ach, wenn ich doch schon Haiffa wäre und meine Waren auf das Schiff nach Zypern verladen könnte. Mein Geschäftspartner Ben Nutschi zahlt zwar gut, aber die Teppichknüpfer und die Messingschmiede arbeiten auch nicht umsonst. Ich muss vom Zwischenhandel leben, meine Familie und mein gutes Pferd ernähren. Gut, dass nicht so viele Karawanen zwischen Syrien und Judäa ziehen. Die Strecke gilt als gefährlich, aber mir ist zum Glück noch nie etwas passiert.

*In diesem Moment springen die 3 Räuber mit lautem Geschrei aus ihrem Versteck hervor, reißen ihn vom Pferd und stechen mit ihren Messern auf ihn ein. Sie schlagen den sich tapfer Wehrenden nieder und rauben ihm seine Schuhe und Kleider. 2 Räuber rennen mit den Wertsachen davon. Der Dritte bemächtigt sich des störrischen Pferdes.*
*Der lebensgefährlich verletzte Kaufmann wälzt sich stöhnend am Boden.*

**Kaufmann** (*matt schluchzend*):

Hilfe! Hilfe! Diese Halunken! Ich habe mich zu früh gefreut. Die Kerle haben mich fast umgebracht! Ich kann mich kaum mehr bewegen. Warum bin ich Dummkopf nicht mit schussbereiter Pistole durch diese einsame Gegend geritten?

Hoffentlich kommt noch jemand vorbei, sonst verblute ich womöglich. Ich muss Kraft sparen. Ich rufe nur noch, wenn ich Schritte höre.

## 2. Szene

*Ein Levit kommt des Weges. Er sieht den jammernd Daliegenden und murmelt halblaut vor sich hin.*

**Levit:**

Selbst am Rand der Wüste wird man von Leuten belästigt, die sich nicht selber helfen! Vermutlich ist dieser Mann betrunken. Man kann ja gar nicht verstehen, was er sagt.

Wenn ich Zeit hätte, würde ich näher hingehen. Aber ich darf zu meiner Lesung in der Synagoge nicht zu spät kommen. Die Gemeinde wäre dann zornig auf mich und der Priester würde mich tadeln und für unzuverlässig halten.

*Der Levit macht sich scheu davon. Nach einiger Zeit schreitet ein Priester, laut Gebete murmelnd, heran. Er nimmt den stöhnenden Kaufmann wahr und spricht halblaut.*

**Priester:**

Diese Trunkenbolde nehmen wirklich überhand. Viele Leute können sich nicht beherrschen. Vielleicht haben unsere arabischen Nachbarn Recht, die den Alkohol insgesamt verabscheuen.

Ich würde mir diesen Menschen genauer anschauen, wenn ich Zeit hätte. Aber ich muss pünktlich zur Synagoge. Jahwe und meine Gemeinde würden es mir verübeln, wenn ich sie warten lasse. Ich darf mich auch vor dem Gottesdienst nicht schmutzig machen. Die Glaubenspflicht ist vorrangig!

*Der Priester schreitet würdevoll weiter. Nach einer Weile nähert sich ein samaritanischer Geschäftsmann auf seinem Pferd. Als er den jammernden Überfallenen bemerkt, steigt er sofort ab, eilt zum Verletzten und beugt sich besorgt über ihn.*

**Samariter:**

Wer hat denn dir so übel mitgespielt? Du bist ja am Verbluten! Du brauchst sofortige Wundversorgung! Zum Glück führe ich für den Notfall stets eine einfache medizinische Ausrüstung mit mir:

Zuerst reinige ich deine Stichwunden mit klarem Speiseöl. Keine Angst, das tut nicht weh, es brennt nur ein bisschen.(*Er nimmt ein Tuch, betupft den Verletzten behutsam und gießt etwas Öl in die Wunden.*) Jetzt lege ich dir noch einige Verbände an zum Schutz vor Verunreinigungen und zum Verringern der Blutungen. (*Er kramt Verbandszeug aus seiner Tasche und umwickelt einige Körperteile des Verwundeten mit Verbänden.*)

Nun helfe ich dir beim Aufstehen. Da musst du dich mit anstrengen. Jetzt wuchte dich waagrecht auf mein Pferd. Bleibe ganz ruhig hängen, bald sind wir im Dorf, da lasse ich dich weiter behandeln! Mir scheint, du wirst schon durchkommen! Ich habe dich noch rechtzeitig gefunden.

*Der Verwundete richtet sich mit erheblicher Hilfe des Samariters dankbar nickend auf und wird wie ein großer Reisesack quer über den Pferderücken gelegt. Dann zerrt der Helfer das Pferd den Weg entlang.*

## 3. Szene

*Der Retter nähert sich nach einiger Zeit mit seiner neuen Fracht einem Gasthaus.*

**Samariter:**

Halt aus, Kaufmann! Gleich wirst du weiter versorgt! Ich beschaffe dir in diesem Gasthaus ein Bett und die nötige Pflege. In zwei Wochen wirst du gewiss wieder gesund sein, dann kannst du mit einem Leihpferd selber heimkehren.

He, Wirt, komm heraus, ich habe einen Gast und Arbeit für dich!

*Der Wirt tritt mitsamt der Köchin vor sein Haus. Er erschrickt kurz, als er den Schwerverletzten wahrnimmt. Sogleich wuchtet er diesen zusammen mit dem Samariter vom Pferd herunter. Sie legen ihn auf den Tisch vor dem Gasthaus. Die Köchin holt eilig einen Ölkrug und macht sich an die Wundversorgung und an die Erneuerung der Verbände.*

**Wirt:**

Schrecklich, wie dieser arme Mann zugerichtet ist! Aber bei uns ist er in guten Händen. Ihr habt Glück, dass ich meine Herberge auch als Notkrankenhaus verstehe. Wegen der gelegentlichen Überfälle müssen wir uns immer wieder auf verwundete Personen einstellen!

**Samariter:**

Das trifft sich gut, dass ihr die Wundbehandlung beherrscht.

Die Banditen haben diesem Kaufmann schlimm zugerichtet und ihm sein Pferd, alle Wertsachen und seine Kleidung geraubt! Er hat bei seinem Kampf mit den Räubern mehrere Stichwunden erlitten!

Pflege ihn bestmöglich, kleide ihn neu ein und lege ihn in ein ruhiges Zimmer! Ich gebe dir Geld für 14 Tage Vollpension im Voraus. Es soll ihm an nichts fehlen. Wenn ich wieder komme, dann rechnen wir alle Zusatzkosten ab.

Ich muss jetzt leider weiter zu meinen eigenen Geschäften. In der Stadt werde ich die Polizei auf die Spur der Halunken setzen!

Lebt wohl! Und dir, Kaufmann, wünsche ich volle Genesung und Gottes Segen bis zu unserem Wiedersehen!

Das Stück kann sowohl als eigenes Schülerdrama als auch als Illustration des Anfangs und des Schlusses von Lukas 10, 25-37 gespielt werden. Lk 10, 30-35 werden dann nicht gelesen, sondern im Schauspiel veranschaulicht.